수수꽃다리 피는 밤

수수꽃다리 피는 밤

구자육 詩

몽트

「서 문」

그리운 수수꽃다리 향기

인생길, 기쁜 날도 힘든 시간도 지나고 나면 다 추억이 됩니다.

마음이 춥지 않으려 틈틈이 일기 쓰듯 기록했습니다.

R.M 릴케는 '시는 언제까지나 끈기 있게 기다려야하고 벌이 일생을 두고 꿀을 모으듯이 그렇게 70-80년 이 지나서야 열 줄 정도의 훌륭한 시를 쓸 수 있을 거라고' 했습니다.

그 70년이 되었지만 훌륭한 시는커녕 제대로 된 시도 쓰지 못했지만

내 인생의 겨울이 오기 전에 시를 엮어야겠다는 조바심으로 아직 여물지 못한 시를 부끄럽지만 용기 내어 첫 시집을 냅니다.

이렇게 첫 시집을 낼 수 있도록 격려해 주고 따뜻한 미소로 힘을 돋우어 준 아내와 우리 가족 모두에게 고맙다는 말을 전하고 싶습니다.

저와 인연을 맺어준 모든 분께 감사드리며 특히, 추천사를 써 주신 홍승욱 시인님과 김미희 대표님, 멋글씨를 써 주신 전혜영 님과 표지디자인을 해 주신 이숙이 님께 감사드립니다.

내 인생 두 번째 맞이하는 서른다섯 살, 나의 존재를 찾고 품위 있는 삶을 살고 싶습니다.

까닭모를 그리움이 수수꽃다리꽃 향기처럼 은은히 밀려오면 또 쓰렵니다.

2022년 초하. 구자육

• 목차

서문 – 그리운 수수꽃다리 향기 4

제1부 미망의 시간

해바라기 1 12
기러기 13
이른 봄 14
기다림 15
작별 16
메아리 없는 산 17
친구의 입영 18
수수꽃다리 피는 밤 19
첨지야 가자 20
독백1 21
독백 2 22
전역(轉役) 23
벚꽃 24
가을 앓이 25
오일장 26
담쟁이 27
해인사 계곡에서 28
어느 죽음을 접하며 29
무정 30
이정표 31

제2부 숲의 이야기

동생 생각 1 34
동생 생각 2 35
여름밤 36
출장길 37
시냇물 38
꾸지람 39
콩나물 40

초안산의 봄 41
샘터 42
갈등(葛藤) 43
토끼풀 44
음력 칠 월 이십구일 45
스트레스 46
표현 47
두 노인의 대화 48
미안하다 명자야 50
어머니 51
사과(謝過) 52
나무가 되고 싶다 53
둥지 54
아버지 55
미나리 56
사당역 4번 출구 57
큰딸에게 58
기도 59
빈 둥지 60
귀향 62

제 3부 민들레 홀씨되어

나를 찾아서 66
이별 준비 67
막내 생일 68
어머니 기일 69
장모님 보내드린 날 70
늦여름 71
해바라기 2 72
간첩 신고 74
시간의 나이 75
남자의 눈물 76
분리수거 77

포장마차 78
저녁밥 79
동백꽃 80
마지막 선물 81
40년 만에 다시 본 편지 82
광역버스 안에서 83
철들기 84
옛 친구 85
색소폰 86
민들레 87
손주의 인사 88

제 4부 천상의 노래

외할머니 90
버려진 샌들 한 짝 92
국화 93
민들레꽃 94
찔레꽃 95
홍시 96
이상한 이별 97
호매실 들판 98
단풍 99
빈 의자 100
경로우대 102
헌 운동화 103
상전벽해 104
고목나무 꽃 피듯 105
봄바람 106
운수 좋은 날 108
이제야 알았네 109
나목(裸木) 110
아내의 보험 112
코로나19 113

이룰 수 없는 사랑 114
더하기 115
겨울밤 116

제 5부 나를 찾아서

마스크 118
철없는 장미 119
달리아꽃 120
팥죽 122
어떻게 생각하실까? 123
바람 부는 날 124
벽 125
겨울비 126
우수 무렵 127
봄 길 128
목련꽃 그늘 129
보리밭 130
꽃비 131
봄바람 2 132
굴뚝이 있는 풍경 133
낮잠 134

추천사 – 더 넓은 바다를 향해 135
발문 – 향기로운 기억 136

PART I

미망의 시간

해바라기 1

해님이 닮고 싶어
여름 내내 해껏 눈 맞춤 하네

장마철 해님 휴가가면
그리움은 위장병처럼 재발하고

처서바람 뭉게구름 실어오면
태양으로 변해가네

벌, 나비 머물다 간 방석엔
동그란 수틀에 십자수 놓던 누님같이
한 알 한 알 씨앗 수를 놓았구나
1973.

기러기

기약 없는 이별
하늘에 응어리 남기고 강창*을 떠난다

그대는 터전을 좇아 가버리고
아픔은 치유되지 않은 채
또 하루를 밀어내려 한다

석양에 비친 한 마리 새
홀로 남아 허공을 날고 있다
1973.

*강창 : 대구광역시 달서구 파호동에 있는 강창교 부근으로 1960,70년대 민물 매운탕으로 유명했었다.

이른 봄

냇가 얼음 치던 아이들
버들피리 불고
강가 기러기 줄지어 고향 갈 때
그대는 봄 따라온다고 했지

냇가 아낙네들 겨울을 빨면
둘이서만 몸 푼 강변 봄 캐러 가자 했지

이른 봄 소소리바람* 물러가고
노란 꽃다지 논두렁 소풍 나오면
참꽃 피는 언덕에서 만나자 했지
1974.

*소소리 바람 : 이른 봄에 살 속으로 스며드는 듯 한 차고 매서운 바람.

기다림

약속 시각은
시침처럼 더디게 오고
기다림은 지루한데
그 사람은 오지 않네

마음은
초침같이 조급해지는데
그 사람은 보이지 않고
약속 시각은 지나가네
분침이 한 바퀴
더 돌고서야
나는 알았네
그 사람 나비가 되었음을
1974.

작별

해는 마지막 힘을 다해
서쪽 하늘 물감칠하고
강가에 기러기들
쌍쌍이 저녁 나들이하는데
남겨두고 온 그리운 사람
허전한 이 마음 어찌하나?
1974.

메아리 없는 산

나는 산을 사랑했네
소리쳐 내 마음 전해도
산은 메아리 없네

그림자 내려오는
해거름 서성이며
애타게 기다려도
끝내 메아리는 들리지 않고
그림자마저 해님 따라 가버렸네

이제 나는 알았네
그 산이 청각장애인 것을
그 산도 나를 사랑하지만
말 할 수 없다는 것을

조용히 눈 감고 바라보네
메아리는 없어도
서로 마음을 전할 수 있음에
나는 산을 사랑했네
1974.

친구의 입영

너는 갔다
아니 가야만 했다
검고 긴 머리는 속살을 드러내고
지금쯤 국방색 모자에 덮여 있겠지
작별의 문은 냉정했다
너의 두 눈에도 내 눈에도 이슬이 맺혔다

우리의 맹서는 잠시 접어 두자
매미가 허물 벗듯 다 벗어버리고
더 단단한 모습으로 다시 만나자
1974.

수수꽃다리 피는 밤

둥근 달은 외로워 따라오고
별들은 아스라이 멀리서 빛을 내는 밤
벤치엔 쌍쌍이 밀어를 나누는데
외롭지 않으려 그림자와 함께 걷습니다

밤 불빛 따라 날벌레 윙윙대고
만날 수 없는 그대 보고 싶음에
어디선가 날아오는 향기
수수꽃다리* 연보랏빛 그리움만 더해집니다
1975.

*수수꽃다리 : 흔히 라일락으로 불리나 잎의 형태에 있어 약간의 차이가 있다. 꽃은 4-5월 연한 자주색으로 피고 향기가 있다.

첨지야 가자

온갖 번민과 추억들
가을바람에 날리는 캠퍼스
플라타너스 잎처럼 날려 버리고
훈련으로 더욱 강인해지는 그곳

첨지야 가자!
미련 없이 후회 없이
당당하게 입대하자
늠름한 모습으로 새롭게 태어나자
1975.

독백1

한여름 시원한 바람
가을이 올 채비를 하나 보다
유격훈련 조교처럼 매몰차던 여름
단풍이 들고 낙엽지면
방황하는 가을 병에 걸리려나

지난 군 생활 잃음보단 배움이 컸다
차단된 마음은 희미한 빛을 보았고
삶에 대한 애착과 넓은 안목도 생겼다

예전의 시간이 되면 물거품이 될까 두렵다
흘러버린 시간들 후회하지 않고
당당하게 살고 싶다
1978.

독백 2

얼마나 기다리고 기다렸던 날인가?
세월의 흐름 속에 힘들었던 기억들은 지우고
마음의 동요 없이 창원 땅을 떠나야 한다
고참들의 사랑 속에 이등병, 일등병
상하 교량 역할의 중고참 상병 시절
사랑과 존경의 마음을 심어야 했던 병장

이제
혼자 생각하고, 웃고, 괴로워해야 하나 보다
차라리 고참 생활 아니 일병 생활에서
그대로 머물렀으면
기다림 속에 꿈을 엮으며
오늘처럼 번민은 없었을 것을
1978.

전역(轉役)

이제 희극은 막을 내렸다
가슴 깊이 여운만 남긴 채

지루했던 33개월의 시간들
때로는 배를 쥐고 웃던 일과
배설을 참듯 긴 고통도 이겨냈다

모든 것이 끝난 지금
이제 다시 못 올 그 시절
한순간의 꿈같은 아쉬움 간직하고

또 다른 삶의 길을 걸어야 한다
걷다 지치면 나루터에 앉아
그대 광대들과 함께 한 기억 넘기며
다시 걸으리
무지개 피는 언덕을 향해
1978.

벚꽃

그대 머무는 곳에 있었지만
내가 찾는 그대는 없었습니다
감미로운 음악에 마음은 불빛처럼 흔들리고

봄바람에 흩날리는 작은 꽃잎 되어
그대 마음 훔칠 수 있다면
이렇게 쓸쓸하진 않을 텐데….
1979.

가을 앓이

가을이 오면 그대와 함께
해 저문 강변 뚝
억새풀 서걱이는 소리 듣고 싶습니다

가을이 오면
뭉게구름 물구나무서는
맑은 호숫가를 거닐고 싶습니다

가을이 오면
새초롬한 보름달과 그리움의 긴 그림자
동행하는 길을 걷고 싶습니다

가을이 오면
귀뚜라미 청량한 울음에
목젖까지 아픈 밤이고 싶습니다

가을이 오면
텅 빈 들판 홀로 선 허수 아버지
빈 가슴에 부는 갈바람이고 싶습니다
1979.

오일장

어김없이 열리는 오일장
옷가게 진열된 옷들은 저마다 개성을 뽐내고
주인 이마 닮아 반들거리는 트럭 과일들
난전 할머니 상추는 벌써 낯가림한다

골목 귀퉁이 할배네 뻥튀기 가게
부푼 꿈 터트리려 알곡들은 나래미 서고
뻥이야! 귀를 막던 아이들은 다 어디 가고
어르신들만 목 빼고 차례를 기다린다
산 그림자 내려오면 헤어질 줄 모르는
팔려 갈 강아지 다섯 마리 애처로운 눈망울

정 듬뿍 주고받는 오일장
오늘도 이 마을 저 마을 소식들로 울고 웃는데
어르신들 파장 시간 다가오면
석양처럼 불콰한 얼굴로 다음 장날 기다린다
1979.

담쟁이

빨간 지붕 이층집 담쟁이
목말을 타고 벽을 오른다
갓난아기 손가락보다 더 여린 담쟁이넝쿨
눈이 예쁜 이 층 방 소녀 창문 기웃댄다

담쟁이꽃 피고 지기를 열 손가락 몇 번
오늘도 짙푸른 담쟁이는 이층집 감싸고
담쟁이가 부러웠던 시절
그 소녀는 가고 없는데
시린 가슴 이 층 창문 머문다
1980.

해인사 계곡에서

숲속 계곡 물소리 평온한데
하늘은 무슨 일을 낼 것 같다

이별이 서러운 참매미들은 울어대고
개울가 치마 동여맨 아낙들은
무슨 신이 나서 저렇게 잘 놀까?

나뭇가지 사이 소슬바람*
두 볼에 가을 묻히고 불어오면
까닭 모를 그리움 밀려온다
1980.

*소슬바람 : 가을에 외롭고 쓸쓸한 느낌을 주며 부는 으스스한 바람.

어느 죽음을 접하며

해는 떠오르고 삶은 계속된다
돌처럼 굳어진 시신 위에 침묵은 멍석을 깔고
한 맺힌 미련과 아픔
그리움조차 망각해 버리고
다시는 못 올 이 땅 이 거리
끝나버렸다 기약 없이

사람들은 걱정하지 않는다
우리도 저편 無의 순간과 영원을 물음표로 치환하고
그 길을 따라 간다
1980.

무정

저 담 넘어 고향이 있네
정든 산천과 사랑하는 부모님
속정 많은 형제들과 동무들이 있네

보이지 않는 창살 너머 고향이 있네
맑은 하늘 뭉게구름 피어나고
참한 마음과 인정의 꽃 가득하네
1981.

이정표

고향 산은 그대로건만
소먹이던 아이들은 다 어디로 갔나
고속도로는 지척인 고향 산천을 지나치라 한다

돌아와 다시 살고 싶건만
살지 못하는 난 꿈에만 살아 본다

뵌 적 없는 할아버지 할머니 묻히셨고
아버지, 어머니 영원히 사실 곳
후일 그 산에 잠들고 싶다
1986.

PART Ⅱ

숲의 이야기

동생 생각 1

스물두 시간의 비행이 길다 해도
저승길보다는 짧으리
벨지움의 음식이 입에 맞지 않아도
병원 음식보다는 나으리
두 딸과 아내가 보고 싶어도
네가 그리는 아들들과 제수씨보다는 덜 하리
내 아무리 부모님과 형제들이 그리워도
서른 두 해를 고향 땅에서 살다 간 너보다는 나으리
다시는 오지 못할 길을 떠난 너
내 가슴엔 커다란 돌덩이 되어 남았다
1987. 11. 벨기에 Theater 호텔에서

동생 생각 2

아직도 꿈을 꾸고 있다
차디찬 얼굴에 내 얼굴을 비벼도 봤다
서른 두 해 동안 형제라는 굵은 동아줄에 묶여 있었지만
때론 너를 잊은 채 살아왔지
네가 풀고 간 끈을 끊어 버리려 발버둥도 쳐봐도
꿈속에서나 가능할 뿐이다
1987. 11. 파리-서울 간 비행기 안

여름밤

다섯 살 난 막내가 자다 일어나
내게 이불을 덮어 준다
한여름 밤에
“아빠, 춥지”
“응. 그래, 춥다”
고맙다
나이 서른여덟이 되도록
부모님 이불 한번 제대로 덮어드린 적 없는데
딸애의 마음 씀에 부끄럽다
1990.

출장길

헬기로 진해 출장 가는 길
기상악화로 기체는 심하게 흔들리고
억지 잠을 청했다
한 시간이면 갈 수 있다더니
아직 대전 인근이다

우여곡절 끝에 진해에 도착
조종사는 악천후라 중도 회항을 하려 했단다
앞서 출발한 공군 참모총장 부부가 탄 헬기
탑승자 6명 전원이 사망했다고 경호관이 전했다
오늘따라 불안감이 엄습하여
비행시간 내내 기도만 드렸는데
하느님께서 안전하게 지켜 주신 잊지 못할 하루였다
1994.

시냇물

태어난 바다로 가는 것이 꿈이다
낮은 곳으로 낮은 곳으로 흐르며
모난 돌 무딘 돌 막아서도 성내지 않는

시냇물은 졸졸졸 노래할 뿐 울지 않는다
흐르다 새 친구들 만나 낯설어하지 않고
출렁출렁 함께 춤추며 바다를 향해 흘러간다

얼마나 많은 변화를 거쳐야 시냇물이 되는가?
얼마나 많은 생의 희로애락이 흙이 되는가?
우리 인생도 시냇물처럼 회귀한다
1994.

꾸지람

집무실에서 큰 산이 꾸짖었다
윗분의 판단 착오로
실무자인 내가 꾸지람을 받았다
차마 큰 산을 볼 수 없어 고개만 숙이고
변명도 대답도 할 수 없었다
일분도 안 되는 짧은 시간
긴 터널 지나듯 길었다
대통령한테 꾸지람을 듣는 건
운 좋은 날인가 나쁜 날인가
1995.

콩나물

푸른 콩나무가 되고 싶었습니다
꽃도 피우고 열매도 맺어보고
햇빛이 보고 싶었습니다
뿌리조차 뻗을 수 없는 숨 막힘

세상사 제 뜻대로 안 되듯이
머리만 큰 사시랑이* 나물이 되었습니다
비록 꿈은 이루지 못했지만
채소가게 감초 같은
콩나물이 되었습니다
1999.

*사시랑이 : 가늘고 약한 물건이나 사람.

초안산*의 봄

내시와 궁녀들 무덤 즐비한 초안산
오늘도 궁궐 향한 충성심 변함없고
궁궐과 후원은 관광명소 되었는데
봄이 오면 무덤가 꽃들 피고 지고
새들은 둥지 틀고 출산을 준비하네
만물은 열매 맺는 기쁨 가득해도

거세당한 왕의 남자들 무덤가 비석들
여기저기 흩어져 길을 잃고 헤매네
봉분은 파도에 밀린 모래성처럼 허물어지고
문인석 깨어진 채 서러움만 걸터앉고
안개비 내려앉은 봄
허무함만 가득하네
1999.

*초안산 : 서울 노원구 월계동과 도봉구 창동에 걸쳐 있는 높이 114미터 산으로 조선시대 내시, 궁녀, 사대부들의 무덤 1천여기가 있다.

샘터

우물가 빨래터는 아낙네들 사랑방
소태 같은 시집살이 팡팡 방망이질로
응어리진 가슴 두드리고 펴내어
온갖 시름 걱정 헹궈 낸다
자식들 이야기 거품처럼 일어나면
샘터 맑은 물 솟듯 웃음꽃 피어난다
2000.

갈등(葛藤)

마음속 정의와 불의,
사랑과 미움, 진실과 거짓
칡넝쿨과 등나무처럼 끊임없이 영역 다툼을 하네
2000.

토끼풀

오뉴월이면 몽글몽글 피어나는 꽃들
세 잎 행복은 말뿐 네 잎 행운만 찾는다

꽃잎 따서 소복한 쌀밥도 짓고
잎으로 반찬 만들어 납작 돌에
상 차려 주던 반드깨미* 친구
꽃반지 꽃팔찌 만들어 주고받은 그 약속

하얀 꽃 바래지듯 친구도 가버리고
부드러운 바람에 흔들리는 풀꽃처럼
하늘하늘 추억만 아른거린다
2000.

*반드깨미 : '소꿉놀이' 의 경상도 사투리.

음력 칠 월 이십구일

서울행 새마을호 플랫폼으로 들어오고
돌아오지 못할 강 건너는 배는 여든일곱 삶의 무게만큼
무겁게 덜컹거리며 간발의 차이로 먼저 도착했다

기차를 타기 전 전화벨 소리
의미를 알기 전 가슴부터 무너졌다

아버지는 저승 강 홀로 가시는 게 힘들어 앓으시고
아들은 회한으로 함께 세운 밤

음력 칠 월 이십구일 쉰 살 생일
50년 전 태어나 소리 내 울었는데
아부지와 긴 이별에 소리 없이 눈물만 흘렸다
2000.

스트레스

얼마나 많은 스트레스를 받았으면
혼자서 저렇게 중얼거리나
전화를 하는 줄 알았는데 혼자서 대화를 한다
얼마나 힘들었으면 술 몇 잔에 넋을 놓아 버리고
저리도 편안하게 상대도 없는 대화를 끊임없이 하고 있나
평소에 그렇게도 하고 싶던 말
차마 하지 못했던 말
나도 아물지 않은 상처
딱지 앉기를 기다리고 사는데
2001.

표현

사랑한다는 말을 꼭 해야만 되나
말하지 않고 행동으로 안 되나
사랑하는 사람이 힘들까
혹시나 다칠까
먼저 행동하는 것이 사랑 아닐까?
여보!
혹시 내가 사랑을 잘못 알고 있나요?
2001.

두 노인의 대화

친구를 만나러 40분을 걸어오신 팔순 노인
산을 넘으면 20분이면 간다고
산 넘어가는 길을 친구가 가르쳐 줬다
한 시간이 지난 후 산 넘어간 친구가 다시 돌아왔다
- 이 사람아 왜 다시 온겨
- 응 산은 제대로 잘 넘었는데 다시 이쪽이 나오네
- 이 친구야 내려가서 어느 쪽으로 간겨
- 응 자네 말대로 오른쪽으로 갔지
- 아 이 사람아 왼쪽으로 가랬잖아
 그렇게 길눈이 어두워 저승은 어찌가려구 그러나
- 뭔 걱정이야 저승 가다 길 잃으면 지금처럼 돌아와 살면 되지
 개똥밭에 굴러도 이승이 낫다잖아
- 안 되겠다 자네 저승 갈 때 저승사자 꼭 붙여야겠다
2002.

미안하다 명자*야

화사한 꽃 잔치 한창인데
너는 왜 수줍은 소녀처럼
연둣빛 쓰개치마 곱게 쓰고
허리 숙인 담벼락 아래
홍조 띤 얼굴로 누굴 기다리니
해마다 청순한 너를 보며
떠난 사람 돌아온 듯 반가웠지만
이제야 너의 이름 알았네
미안하다
명자야
2003.

* 명자꽃 : 쌍떡잎식물 장미목 장미과의 낙엽관목으로 산당화라고도 한다.

어머니

어머니!
오늘따라 바람이 심하게 불고 있습니다
이 땅은 곧 겨울이 오겠지요
계신 곳은 계절이 있는지 궁금합니다

어머니!
가신 지도 두 달이 지났습니다
가신 곳 낯설어 하시지 말라고 기도드립니다
"뜨시게 입고가라"고 하실 어머니 생각이 간절합니다.
긴 이별 앞에 불효자는 헛울음만 웁니다.

어머니!
먼저 가신 분들은 다 만나셨는지요?
한평생 걱정하시고 돌봐주셨으니
계신 곳에서 영생 복락을 누리세요

어머니!
계신 곳은 좋아하시는 꽃들이 만발하는
봄날만 있었으면 좋겠습니다.
2003.

사과(謝過)

비 온 뒤 햇볕 쨍쨍하다
산책길 몸부림치는 지렁이 애처로워
이리저리 찾아도 꼬챙인 없고
개망초 꺾어 물가로 보내줬다

꽃도 못 피웠는데
겨우 지렁이 살리려고
개망초 꺾느냐고

내 손 더럽히지 않으려 너에게 몹쓸 짓 했다
망초나 지렁이나 다 살아 있는 생물인데
미안하다, 다시는 그러지 않으마
2005.

나무가 되고 싶다

나무가 되고 싶다
화려한 꽃을 피워 자랑하지 않아도 좋으니
잎이라도 살포시 피울 수 있으면 좋겠다
새순과 잎이 나와 나그네의 땀을 식혀주고
곤충과 새들의 보금자리가 되어 줄 수 있으면 좋겠다

나무가 되고 싶다.
긴 겨울잠에서 깨어나
움을 틔우고 싶다
누가 봐주지 않아도
사랑하는 모두에게 그늘이 되어 주고 싶다
2006.

둥지

둥지를 떠나온 지도 30년이 넘었습니다.
어머니가 둥지를 비우신 지 5년째
둥지에 어린 것들이 나는
연습을 하고 있습니다.
큰 것은 큰 것대로 나는 연습을 하고
작은 것은 가끔 둥지를 떠났다가 돌아옵니다

벌써 저도 둥지를 비워가야 하나 봅니다
꽉 찬 둥지로 살고 싶지만
가야하고 또 보내야 하나 봅니다
사라진 어머니 둥지
이제는 제 둥지마저 비워야 합니다
다시 어머님의 둥지를 채울 수 있다면 좋겠습니다
2007.

아버지

사당역에서 기다리는 수원행 버스
하늘엔 둥근 달이 차디찬 대지를 다독이고
길게 늘어선 줄 모두가 청춘이다
나도 얼마 전에는 저런 모습이었지
영하 10도의 날씨
은행나무 가로수는 옷을 벗은 지 오래다

떠나보내기엔 여물지 못한 은행 몇 알
모두 떠나보낸 빈 가슴처럼
은행나무는 찬바람과 맞서 싸우고 있다
7001번 광역 직행버스는 수원을 향해 달리는데
아버지가 보고 싶다
2011.

미나리

늦은 밤 수원역 지하 광장
할머니 닮은 가냘픈 미나리를 파신다
덜 되먹은 난 단번에 사지 못하고
다시 돌아와 가격을 묻고 2천 원어치 샀다
대단한 적선을 한 냥

덤으로 한 움큼 더 넣어주신 할머니 정
종일 지친 미나리를 담은 검은 비닐봉지
하루를 짊어지고 종종걸음으로 들고 간다

돌아가신 어머니가
저만치서 보고 계실 텐데
부끄럽다 부끄러워
2012.

사당역 4번 출구

비 내리는 사당역 4번 출구
수원행 좌석버스 긴 줄 우산만 가득한데
어느 줄을 서야 빨리 탈지 판단이 서질 않는다

이어폰의 색소폰 소리는 빗소리와 어우러져
잠자는 그리움을 깨우고
아직도 청춘인 줄 아는 사내는 꿈을 꾼다

비 내리는 사당역 4번 출구
취기 어린 사내가 빗줄기 속으로 과거를 버리고 있다
나이는 예순, 마음만은 청춘인 사내

버스 유리창은 장맛비로 샤워를 하고
그 많던 사람들은 어디로 갔을까
내려야 할 정류장 놓칠까 무거운 눈꺼풀 들어 올린다
2012.

큰딸에게

이별이 아닐진대
다음 주 토요일이면 너 떠난다.
슬퍼해야 할 이유가 없는데 슬프다
끈을 놓는 게 아닌데 끊어지는 것 같다

초보운전 때 차가 고장 나 나를 찾던 목소리 아직도 생생한데
수능 시험장 들어가는 모습 안쓰러워한 지 얼마나 되었다고
품에 안고 '섬 집 아기'와 '꽃밭에서'를 불러주며
잠을 재우던 때가 엊그제 같은데

이제는 나보다는 네 남편을 먼저 찾거라
남들은 시원섭섭하다고 하는데 난 섭섭하기만 하구나
네가 없는 빈방을 보며 어떻게 이겨내야 할지
찬비가 내릴 때쯤이면 이맘도 가라앉겠지
2013.

기도

검은색 정장 흰 블라우스 검은 구두
초가을 아침 햇살은 단정히 빗은 머리 위에 살포시 내려앉고
초조한 눈망울에 무엇을 갈망하는지 다 안다
공무원 시험 최종 면접 보러 가는 동수원 중학교 앞
모두가 같은 마음으로 고사장으로 향하고 있다
좀 전까지만 해도 내 딸만 보였는데
이들을 본 순간 기도가 바뀌었다
면접 보는 모두가 최종 합격하기를
빌고 또 빌었다
2013.

빈 둥지

퇴근 후
불 켜진 너의 방을 보며
편안함을 느꼈는데
이제 늘 캄캄하구나

언젠가는 이런 날이
올 줄은 알았지만
이렇게 말 한마디 못 하고
속울음을 울어야 할 줄은 몰랐다

늦은 밤이면
네가 제일 먼저 반겨줬는데
이제는 까만 적막만이 흐르고

서른 해를 함께한 시간
너의 길을 가야하고
놓아주어야 하는 게 숙명인데
쉽게 놓을 수가 없구나
아직도 네 목소리는 이명처럼 울리는데

달빛 잠시 머물다 간 창가엔
두고 간 커다란 곰 인형
어미 잃은 송아지 외양간 지키듯
빈 가슴 나를 반긴다
2013.

귀향

오랜만에 찾은 고향
어릴 적 세상에서 제일 컸던 왕버들 나무
내 꿈처럼 쪼그라들었다

행여나 올까
객지 나간 자식 기다리던 어머니는
산에 누워계신다

마지막으로 불러본 "엄마"라는 말
어머니 이승 길 떠나는 날이었다
2013.

PART Ⅲ

민들레 홀씨되어

나를 찾아서

가로수에 걸터앉은 달은 대지를 비추고
가로등 어둠을 밝히는 봄바람 부는 밤
가장으로 살기 위해 때론 침묵했다
정의를 가장한 거짓을 말했다

삶의 끝자락에 도착하기 전 정직해 지리라
죄의식을 갖지 않는 삶을 살고 싶다
나 자신에게 부끄럽지 않게 후회하지 않는
나를 찾고 싶다
2013.

이별 준비

이승에서 구십일 년을 사신 장모님이 저승 가실 채비를 하신다
자식과 손주, 조카, 보고 싶은 사람 다 만나고
출발을 좀 늦추고 싶으신가 보다
평소 술 한 잔 마시지 않으셨는데
시원한 막걸리가 드시고 싶단다

병원에선 출발하기 싫으신지
엠블런스를 타면 동네 사람들 놀랜다고
조용히 집으로 가자신다
서울 사는 막냇사위 이제 얼굴 봤으니
저승 가더라도 힘드니 내려오지 말라신다

장모님!
그 먼 길 혼자 가시는데
서울 대구간이 뭐가 그리 멀다고 하시는지
대답 대신 병실 밖 빈 하늘만 바라본다
2014.

막내 생일

막내의 생일 새벽 봄비가 내린다
서울 가는 버스를 기다리다
언제일지도 모르는 결혼식을 생각한다
아장아장 걷던 모습이 어제 일처럼 또렷한데
벌써 결혼할 때가 되었다

손잡고 입장할 때
눈물이 나지 않았으면 좋겠다
같이 있다가 곁을 떠난다 생각하니
봄비 같은 눈물이 흐른다
2014.

어머니 기일

고향을 떠난 지 몇십 년
동대구역 플랫폼에는 아직 이별의 조각이 남아있다
형제, 친인척과 친구들, 선산에 누워계신 부모님

가족이 있는 수원을 향해 가면서도
허한 마음이 앞선다

창 넘어 유년 시절 소먹이던 산 그대로인데
사람들은 다 어디로 갔나
몸은 집을 향하는데 마음은 선산을 맴돈다
2014.

장모님 보내드린 날

이승의 꽃들과 하늘
묶여진 인연의 끈
봄비 내리던 날 고향 땅
먼저 가신 장인어른과 나비처럼 날아가셨다
떠나시는 날까지 남에게 폐 끼칠까
조의금도 받지 마라
경로당에 떡 돌려라 하시며
가족끼리 간단하게 장례 치르기를 원하셨다
보내드리고 돌아오는 오후
동대구역 가로수에는 벚꽃 비가 눈처럼 내리고 있었다
2014.

늦여름

텅 빈 아파트 놀이터
놀이기구들이 종일 낮잠을 자고 있다

뜨거운 햇볕은 미끄럼틀에서 내려갈 준비를 하고
성난 황소 같은 더위도 이제 떠날 채비를 하나 보다

어제가 입추였지
태풍의 영향인지 시원한 바람이 분다

이별이 아쉬워 서럽게 울어대던 매미도 목이 잠겼나 보다
나무 그늘 아래 고양이 제멋대로 퍼질러 자는 오후

꿈에 본 어머니
기일이 다가온다
2014.

해바라기 2

여름 내내 해님과 눈 맞추고 사랑놀이하더니
무슨 잘못을 했기에
물음표처럼 조아리고 땅만 보나

해를 사랑한 건 죄가 아니잖아
큰 키로 담 너머 본 것은 잘못 아니잖아

장맛비 내리는 날
그리움의 슬픈 그림자를 씻어버린 것도 죄가 될 수 없고

무지개 뜨고 해님이 뭉게구름과 소풍하러 온 날
벌, 나비 불러 꿀 잔치 벌인 것은 칭찬받을 일이잖아

저 출생 시대에 숱한 자식들 품고 있는 것은
상 받을 일이지 고개 숙일 일이 아니잖아

해바라기야,
이제 까맣게 탄 그 가슴 더는 태우지 말고
고개 들어 떳떳하게 출산하렴.
2015.

간첩 신고

사무실 오신 어르신
화장실 다녀오더니
간첩이 있는 거 같단다
왜 그렇게 생각하시냐니까
난수표* 읽는 소리가 난다고
같이 화장실에 가서 들으니
멀리서 0.1.0.5.3.8.3.6.2.9.6
폐가전 중고 물품 삽니다
1960-70연대 간첩 지령 방송
우린 반공정신 투철한 같은 세대였다
2016.

*난수표 : 암호문이라 하여 간첩이 지령이나 보고의 내용을 은닉하거나 보호하기 위해 약정한 암호 문건으로 1960-70년대 북한에서 남파된 간첩들에게 지령 할 때 많이 썼다.

시간의 나이

종로 3가 역 양재 가는 전철을 기다린다
안전문 유리창에 비친 내 모습
풍성했던 앞머리 썰물처럼 밀려가고
얼굴엔 저지레한 흔적만 남았구나

세월은 안개처럼 가버리고
추억은 철길같이 녹슬었는데
전철은 계속 앞만 보고 달리고
마음은 지나온 낯선 정거장에 서성인다
2016.

남자의 눈물

남자도 때론 웁니다
사랑했던 사람이 이 세상을 떠났을 때
아픔이 너무 커 감당할 수 없을 때
때론 외로워 혼자 술 마시며
지난날을 회상하며 속으로 웁니다

남자도 때론 웁니다
술에 취해 돌아가신 엄마가 보고 싶어서
아내 희생에 대해 안쓰러움과 출가한 딸들과
옛 동무를 그리워하며
남자는 철없이 속울음만 웁니다
2016.

분리수거

애지중지하던 추억들 분리수거 했다
아픈 추억은 더 이상 아파하지 않게 종량제봉투로
아름다운 추억은 더 간직하고파 보관 상자에 담았다
아이들 어릴 적 소중한 필름은 차마 버릴 수 없어
보관 상자에 함께 넣었다

한때 근무했던 푸른 기와집의 추억도
훗날 아내와 아이들에게 짐이 될까 분리했다
분리수거 하기엔 아까운 추억들은
마음 한 켠에 접어 두기로 했다
2017.

포장마차

수원세무서 앞 포장마차
술 한 잔에 기분 좋아진 취객들
나이 자랑한다
57, 58, 59년생이란다
내가 53년생인데
사람 사는 냄새가 정겹다
그러나 오래 있기는 싫다
더 빨리 늙어질까 봐
2017.

저녁밥

한때는 고급 식당에서 비싼 밥을 먹었는데
오늘은 값싼 만찬을 했다
둘이라면 하지 못할 식사를 혼자서
우거짓국에 찰기 없는 밥, 쉰 깍두기
다들 맛있게 먹는데 깍두기는 너무 시어 못 먹겠다

그냥 혼자이고 싶었다
식당가를 두 바퀴나 돌고 찾아간 우거지탕 집에는
눈이 예쁜 네팔서 온 소녀가 서빙을 한다

삶이란 그게 그건데 고급 음식을 먹지 못해 안달이다
우거지탕 2천 원과 막걸리 2천 원 4천 원이면
이렇게 여유롭게 생각도 할 수 있는데
사람과 사람의 관계로 불편한 일들
겉치레보다는 듬쑥*한 삶을 살고 싶다
2017.

* 듬쑥하다 : 사람의 됨됨이가 가볍지 않고 속이 깊고 차 있다.

동백꽃

찬 바람 부는 바닷가
새아씨처럼 꼭 다문 입술
꽃봉오리 찢어지는 아픔
빨간 치마 노란 고쟁이
중매쟁이 동박새 뻔질나게 드나들고
송이째 톡톡 떨어지면
새봄은 살랑거리며 다가온다
동백꽃 붉은 가슴
겨우내 봄을 품고 있었구나
2017.

마지막 선물

훗날 내 마지막 날 가져갈 선물이 있다면
손주들의 옹알이 하던 모습과
딸과 사위 미소 띤 건강한 모습
내 걱정하는 아내 마음을 가져가고 싶습니다

다른 색깔과 모양으로 피어나는 봄꽃들과
도린결[*] 가시덤불에서 은은히 피우는 찔레꽃 향기와
장대비 내린 후 피어오르는 뭉게구름과
소먹이며 동무들과 놀던 추억을 가져가고 싶습니다

아플 때 업어주시던 어머니의 따뜻한 등과
자식 걱정을 하시면서도 애써 태연하시던
아버지의 깊은 마음을 가져가고 싶습니다

그날이 오면
그날이 오면
마지막 선물을 가져갈 수 있으면 좋겠습니다
2017.

* 도린결 : 사람이 별로 가지 않는 외진 곳의 우리말.

40년 만에 다시 본 편지

군 생활하면서 받은 편지
세월의 무게를 이기지 못해
사연은 희미해지고 마음도 녹아내리고 있다
하나하나 스캔해서 간직하려 정리를 한다
정성스럽게 쓴 편지 주인들은 어디 가고
보내 준 사연들만 내 가슴에 메아리친다

한때 사랑했던 친구들
모두에게 고맙고 미안하다
이름을 쓰지 않고 보낸 이들
가까웠기 때문에 이름을 쓰지 않았을 텐데
그들의 고마움만 남고
기억할 수가 없어 미안하다

다 버리지만 차마 버릴 수 없는 편지 한 통
하나뿐인 동생이 해병대 훈련을 마치고 보내온 편지
그가 내게 남겨준 유일한 유품
지금은 하늘에서 무엇을 하는지
형제의 정을 나누기도 전 먼저 가버린 동생
그가 보고 싶다
2017.

광역버스 안에서

아기를 가진 지 3개월이 된 막내가 보낸 문자
꿈에 아빠를 봤다며 보고 싶다고
열흘 전에 봤으면서 갑자기 코끝이 아리다

하늘은 청명한데 나이는 회색빛이다
막내 나이 때는
삶에 바빠 아버지한테 안부 자주 못 드리고 살았는데
날 걱정하는 막내가 부끄럽게 한다
2017.

철들기

싸움소처럼 기세등등하던 여름도
슬그머니 꼬리 내리고
여름 내내 큰 키 자랑하던
해바라기도 다소곳이 고개 숙였다
겸손할 일 없는 강아지풀도 낮아지고
여름 내내 건달처럼 벼들 괴롭히던
피마저도 머리 숙여 용서 구하는데
여의도 모처 시끄러운 걸 보니
아직 선거철은 멀었나 보다
2017.

옛 친구

도회지 중학교에서 처음 만난 친구를 43년 만에 만났다
세월이 우리를 벌려 놓았지만
사람 많은 동대구역 대합실에서
단번에 알아본 것은 그와의 옛정 때문이리라

서로가 살아온 시간에 경의를 표하며
또 각자의 삶을 살아가야 한다
세월의 흔적은 있지만 유년의 모습은 변하지 않아
더 정감이 갔다

언제쯤 넉넉한 마음으로 도리를 다하며 살까?
하루에도 몇 번 기도드리지만
하느님은 늘 깨어 준비하라신다
헤어진 친구의 모습이 KTX 차창 넘어 불빛처럼 흐른다
2017.

색소폰

열예닐곱 살 석양의 고향 산언덕 위 트럼펫 소리
가던 길 멈추고 넋을 잃고 들었지
저녁노을에 비친 연주자의 모습 잊을 수 없어
예순이 다 되어서야 색소폰을 불기 시작했다
인생의 석양은 다가오는데
난 언제 멋진 석양 연주를 할 수 있을지
2018.

민들레

길섶에도 보도블록 틈 사이에도
밟혀도 밟혀도 다시 일어서는 끈질긴 생명력
어디서든 뿌리내리고 꽃 피우네
민들레야
민들레야
너는 꼭 우리 한민족 닮았구나
2018.

손주의 인사

걸음마를 겨우 하는 첫 돌 지난 다인이
어린이집을 다닌다

TV에 비친 제 모습 보며
배꼽 인사하고 손 흔드는 연습을 한다

자기 몸 가누기도 힘든 14개월 며칠
비틀거리며 연습을 한다

선생님은 뭐가 그리 급해서
배꼽 인사를 가르치셨나
2018.

PART Ⅳ

천상의 노래

외할머니

딸 여섯에 아들 하나 둔 어머니의 어머니
외동아들 장가들어 아들 하나 낳고
6.25 전쟁터 나가 돌아오지 않는데
행여 아들 올까 기다림의 긴 그림자
사립문에 걸어두고 묵주 기도드렸네

두 딸 남편 함께 친정 온다면
홀로된 며느리 마음 아플까 봐
착하디착한 두 딸 소망대로 수녀님 되었네

신부님 한 명에 수녀님 여섯
외할머니 기도로 축복 내리셨네
오매불망 그리던 아들 만나고
며느리와 딸들 만나 천상 재회하셨겠지
2018.

버려진 샌들 한 짝

길섶 잡초밭
밑창 떨어진 샌들 한 짝

한낮 햇빛 잠시 쉬어 가더니
개미들 놀이터가 되었네

한때는 짝꿍과 다정히 거닐던 그 길
밑창이 떨어졌다는 이유로 버림받았네
성한 짝도 같이 버렸으면
이렇게 외롭진 않을 텐데
2018.

국화

쌈지공원 화단 국화꽃이 소담스럽게 피었네
가뭄이 심한 늦여름 축 처진 너를 보면서
마음만 안쓰러웠지 물 한 모금 주지 못했다
그런데도 넌 예쁘게도 피었구나
눈이 부시도록 예쁜 너의 모습을 보며
경이로움과 부끄럼만 교차하는데
너는 괜찮다며 환하게 웃기만 하네
2019.

민들레꽃

아장아장 손주 하연이
첫 돌 맞아
처음 만난 야생화
낮아져야만 볼 수 있는 꽃
마음 비워야만
보이는 순수한 꽃
2019.

찔레꽃

외딴 산골 마을 동구 밖 고목
세월을 붙잡고 서 있다
도린결 폐허 된 집터 찔레나무
전설의 찔레가 가족을 기다리듯
떠나간 그대 기다린다

낮이면 낮달 같은 외로움
밤마다 쏟아지는 별은 멀기만 하다
봄바람 잠시 머물다 가면
은은한 꽃향기 아프게 퍼진다

벌 나비 놀고 간 꽃잎은 눈꽃 되어 내리는데
찔레 순 꺾어 먹던 아이들 세월 가도 오지 않고
꽃잎도 향기도 뻐꾸기 울음 좇아 가버리면
허무에 젖어 자꾸만 그대 생각난다
2019

홍시

골목길 모퉁이 총각네 과일가게
때 이른 겨울 회오리바람 지나가고
먹음직스러운 때깔 좋은 홍시

저 하늘 너머 계시는 엄마
많이 좋아하시던
홍시라고 생각하지 않을래
너무 멀리 계시기에
2019.

이상한 이별

육십 년 가까이 사랑했던 그 이를 떠나보냈다
참고 또 참아 죽는 날까지 함께하기를
그러기엔 서로의 아픔이 너무 컸다

잘 가거라
가지 않으려 발버둥 치는 너를
난 약 기운에 아무렇지도 않은 듯 외면했다
너를 보내고 한참 후에야
아프기 시작한 너의 빈자리
어차피 한평생 함께하지 못할 바에는
더 큰 아픔과 사달이 나기 전에
이별하는 것이 너 좋고 나 좋은 것

서러워 마라 원망도 하지 마라
잘 가거라 사랑니야
2019.

호매실 들판

한겨울 호매실 들판
고요만 봄 아지랑이처럼 내려앉고
논두렁 양지쪽 나락 냉이 돌나물
가냘픈 햇살 받으며 기다리는 봄
휑한 논에는 기러기 떼 내려와 이삭 줍는다

까치 한 마리 서럽게 울며 간 빈 하늘
아직도 닿지 않은 내 기도와
빌지 못한 용서와
못다 한 사랑의 언어

다 떠나고 없는 텅 빈 가슴
외로움만 하얀 파도처럼 밀려온다
저 멀리 호매실 들판
2019.

단풍

설악산 단풍은 위에서 내려오고
머릿결 가을 숲은 아래에서 올라가네
마음속 예쁜 단풍은 언제쯤 물 들려나
2019.

빈 의자

경포대 바닷가 수평선 바라보는 빈 의자
동해의 아침 햇살 잠시 앉았다 가면
하늬바람* 따라온 낙엽 몇 장 몸 말리네
소나무 해거름에 긴 그림자 쉬면
지친 나그네 외로움 타서 마시고
밤 파도 해변 기웃거리면
연인들 입맞춤은 뜨거워지고
하늘 가득 별들은 더 푸르네

우리네 삶 소풍처럼
잠시 머물다 떠나는 빈 의자
2019.

*하늬바람 : 서쪽에서 부는 바람으로 주로 농촌이나 어촌에서 이르는 말이다.

경로우대

진료비로 고작 천오백 원을 내고 나니
나이를 먹어버린 것 같아 그렇다
어릴 적 나이가 많아지길 기다렸는데
진료비 천오백 원은 늙어가는 값이 아니라
숙성해 온 할인료라 생각하기로 하자
2019.

헌 운동화

낡아서 버리려던 헌 운동화
새 운동화 신기가 낯설어
헌 것을 다시 신었더니
너무 편해 버리기 아깝다
새 운동화 신으라는 아내의 성화에
아직은 연을 끊을 수 없다고
정든 사람이나 사물
쉽게 내칠 수 없는 것은 나이 탓인가?
성격 탓인가?
2019.

상전벽해

세월이 많이 흘러
논밭이 아파트단지로 바뀌고
내가 올라 놀던 냇가 왕버들도
세월의 무게에 그늘 주기를 포기했다
여름날 모래찜질로 무덤 만들던
아낙네 흙이 된 지 오래다
냇가에서 멱 감던 그 아인 일흔이 다 되어 가고
무섭던 선산 지기 영감님도 저승 간 지 한참 되었다
마주 보고 앉아 애써 시선을 외면하는 전철 승객처럼
잊은 척했던 고향 땅 술기운에 달려간다
2019.

고목나무 꽃 피듯

생각은 있으나 행동은 없었다
행하지는 못해도 포기는 할 수 없었다
너무 깊이 박혀 뽑아내기도 힘든 꿈
나이테는 하나둘 늘어만 가고
여기저기 가지들은 시들어 가지만
오직 하나
꽃은 피우고 싶다
한 번은 꼭 피워보고 싶다
2019.

봄바람

봄바람에 층층나무는 한층 더 탑을 쌓고
치렁치렁 연둣빛 수양버들은 신세대 같다
넓은 보리밭 물결처럼 일렁이면
종달새 바람 따라 공중제비 돌고
까닭 모를 그리움은 잡힐 듯 잡히지 않는다
2020.

운수 좋은 날

갓 세 돌 지난 손주가
"할아버지 안경은?" 하고 묻는다
"아차, 안경을 안 끼고 왔네"
"할아버지 내일은 안경 끼고 와"
"그래 내일은 꼭 끼고 올게"

할애비에 늘 심드렁하고
서열 맨 꼴찌였는데
이렇게 관심을 두다니

오늘은 운수 좋은 날이다
2020.

이제야 알았네

쉰이 넘어서야
흰색 코스모스도 예쁘다는 것을 알았고
가을이 슬픈 계절만이 아니라는 것을 알았네

예순이 되어서야
호박꽃이 별 모양이고 참하다는 걸 알았고
여름 땡볕의 고마움을 알았네

일흔이 다 되어서야
주말 연속극이 기다려진다는 것과
건강이 가장 큰 재산이고
어떤 친구가 진정 좋은 친구인지 알 것 같네
2020.

나목(裸木)

시인이 되고 싶다고 하니
나목이 말하네
지친 하현달 쉬게 우듬지* 내 주고
겨울 햇살 걸터앉아 한숨 돌리게
벌거벗어야 한다네

보람된 삶 살고 싶다고 하니
새들 둥지 틀게 가지 내주고
개미, 매미, 무당벌레, 그 줄기 내주듯
베풀며 살라 하네

세월 의식하지 않고 살고 싶다고 하니
함박눈 울고 간 졸가리**에 잎눈, 꽃눈 움트고
무성한 잎 단풍 들고 낙엽 지듯
세월 같은 거 생각 말고
사계절 변화 즐기며 살라 하네

부끄러워 다 벗지 못해
詩心은 낮달처럼 슬며시 가버리고
나목은 울지 않는데

칼바람만 울고 있네
2020.

* 우듬지 : 나무 꼭대기 쪽으로 난 줄기와 가지.

** 졸가리 : 잎이 다 떨어진 나뭇가지

아내의 보험

네 살 난 손주가 응가하고 엉덩이 닦아주는 할미한테
"할머니! 할머니가 작아지면 내가 할머니 엉덩이 닦아
줄게"
노후 보험 확실하게 들어 놔서 아내는 좋겠다
2020.

코로나19

커피숍 창가에
오래전 헤어진 그이가 앉아 있다
반가움과 두근거림 진정시켰지만
다가설 용기는 없었다
마주 보이는 곳에 자리했지만
그이는 못 본 척 딴청만 하고
내 마음 만감이 교차하는데
먼저 알아봐 주길 기대하며 마스크를 내렸다
분명 나를 보았는데 아무런 반응이 없는 그이
벌써 잊은 건가 서운한 마음 큰데
커피를 마시려 그이가 마스크를 벗었다
아뿔사 내가 아는 그이가 아니었다
얼굴의 반을 가리고 눈매만 보고는 알 수 없는
코로나 시대
2021.

이룰 수 없는 사랑

나팔꽃과 달맞이꽃이 사랑했네
수줍어 낮에는 말 한마디 못 하고
달빛 살포시 내리면 칭칭 감는 사랑

아침이슬 바람 따라 가버리고
달님마저 해님과 임무 교대 마치면
눈 감고 입술마저 오물이고
다시 오는 밤을 기다리네
2021.

더하기

내 나이
53세에 어금니 크라운을 했다
64세에 안경을 끼고
67세에 헌팅캡을 쓰고
68세에 언제까지일지는 모르지만 마스크를 쓴다

귀에는 보청기 끼지 않고
휠체어 타지 않고 두 발로 튼튼히 걸으며
아기처럼 기저귀 차는 일은 없기를 바란다
코와 입과 몸에 주렁주렁 달지 않고
조용히 눈감을 수 있기를 바란다
마스크 벗으면
더는 내 몸에 더하기 하지 않았으면 좋겠다
2021.

겨울밤

달빛마저 시어머니 성정처럼 차가운 밤
안방 아랫목 동네 어르신 흑백 TV
연속극 보느라 졸린 눈 씨름하면
윗목 화로 외로움에 사위어 간다

꿈결처럼 멀리서 들리는 다듬이질 소리
그리움은 소복이 눈처럼 쌓이고
꿀밤나무 부엉이 허기진 날갯짓에
문풍지 춥다고 서럽게 우는 밤

낭떠러지로 떨어지는 꿈
소년의 키는 오늘 밤도 자란다
가끔 떠오르지만
되돌아가고 싶지 않은
내 유년의 추운 겨울밤
2021.

PART Ⅴ

나를 찾아서

마스크

아무 칠하지 않은 그대 입술
오히려 황홀했습니다

구시렁대는 입 모양
남들 눈치 못 채게 막아서
다행이었습니다

코로나 시대
단 하루의 사랑 KF94
2021.

철없는 장미

오뉴월 화려한 축제 끝난 지 오래다
잎마저 노랗게 물들어 겨울 채비하는데
당당하게 핀 10월의 장미꽃 한 송이
누가 철부지 꽃이라 하는가

시상식 팡파르 울린 지 오래고
관중마저 떠나버린 텅 빈 운동장
불굴의 의지로
전 구간 완주한 마라토너 같다

늦깎이 시인은 너에게 큰 박수와
꽃다발 한 아름 안겨 주고 싶다
2021.

달리아꽃

뜨거운 태양
바람도 더위 먹었는지 미동 없다
매미도 지쳐 울음 없는 오후

행궁동 길가
몇십 년 만에 본 키 큰 달리아
어머니 뵌 듯 반갑다

어머니 가꾸시던 화단에는
해마다 달리아꽃 말갛게 피었다
채송화 같은 올망졸망한 자식들
다 씨앗 맺게 건사하시고
이제는 멀리 계신 어머니

카메라로 이리 찍고 저리 찍어도
달리아꽃은 보이지 않고
어머니 얼굴만 보인다
2021.

팥죽

동짓날 해는 노루 꼬리처럼 짧은데
겨울밤은 내 그리움처럼 길기만 하다

한 알 한 알 염원 담아 빚은 새알심
붉은 팥죽 한 해의 액기를 물리치고
새로운 한 해 출발 알리면

나이 한 살 더 먹으려고
먹기 싫어도 먹었던 아홉 살의 팥죽
먹기 싫은 나이 먹어야 하는
예순아홉 해 팥죽
건강 챙기려 먹는다
2021.

어떻게 생각하실까?

헬스장 러닝머신 속도 조절할 수 있듯
시간설정과 경사 조절도 가능하듯

힘들고 어려운 일은 빨리 지나게 하고
좋은 일 즐거움은 느릿한 시간으로
오르막 내리막 적당히 사는 길
그분은?
2021.

바람 부는 날

바람 부는 날이면
낙엽도 외로운가 보다
끼리끼리 모여 수건돌리기 한다

바람 부는 날이면
낙엽도 추운가 보다
현관문 열리면 살짝 들어온다

바람 부는 날이면
낙엽도 갈증이 나나 보다
연못에 모여 촉촉이 목을 적신다

바람 부는 날이면
덧없는 그리움
그대의 슬픈 미소가 생각난다
2022.

벽

손바닥과 손바닥 맞대었지만 온기는 없다
얼굴도 만지고 손도 잡아보고 싶지만 마음뿐
볼 수는 있어도 느낄 수 없는 현실
엄마와 아들은 이별보다 더한 서러운 눈물만 흘렸다

휴전선 철책만큼이나 단단한 유리 벽 앞에
다음을 기약했지만
엄마는 돌아올 수 없는 강을 홀로 건너셨다

마지막 길 배웅도 영면 모습도 보지 못하고
멀찌감치 서서 큰절만 올렸다
벽 아닌 벽 코로나의 강철판 같은 벽이
꽃잎처럼 여린 가슴에 대못을 박았다
2022.

겨울비

가슴 허전한 초겨울
사람과 사람을 이어주는
첫눈이 되고 싶었습니다
온 세상 하얗게 물들이고
소복소복 외로움마저 묻어 버리는
함박눈이 되고 싶었습니다

눈처럼 사랑받지 못해도
허기진 산짐승들 먹이 찾게 해 주고
목마른 낙엽 바스락바스락 뒤척이면
또록또록 자장가로 잠들게 하고
기다리고 기다려도
함박눈은 되지 못했지만
내 슬픈 기다림은 겨울비가 되었습니다
2022.

우수 무렵

빈 들판 기러기들 안개로 커튼치고
비밀리 떠나갈 회의를 하나 보다
바람은 아직도 찬데 햇볕은 따스하네

안개 걷히면
가을이 두고 간 논에는
하얀 볏짚 뭉치 유빙처럼 떠 있는데
개천가 버들강아지 실눈 뜨고 마중하네

뚝방 길 흰 억새 겨울바람에 다 보내고
다 닳은 고갱이처럼 애틋하게 흔들리네
우수절 얼음은 녹고 사유는 깊어지네
2022.

봄 길

산벚나무 수채화 그린 산으로 가는 길
제비꽃, 민들레꽃, 애기똥풀꽃 피어나고
산어귀엔 뭉게뭉게 조팝나무꽃이 피었었지
산에 오르면 곤줄박이와 박새가 봄을 노래하고
등 굽은 소나무 늦둥이 자랑하듯 새 솔잎 내밀었지

봄은 다시 오고 꽃들은 지천으로 피었는데
유년의 봄 길은 아파트단지로 변해버렸다
보고파도 볼 수 없는 아련한 봄꽃 내음 그 길
아른거리는 아지랑이처럼 꿈에서만 본다
2022.

목련꽃 그늘

목련꽃 그늘에서 시를 쓰네
가지마다 환한 연등 큰 촛불
그늘은 오간 데 없이 눈부신데
시심 詩心은 지는 꽃잎 따라가 버리고
홀로 선 시인 그림자만 외로이 서 있네
2022.

보리밭

보리싹 밟아주면 뿌리 튼실해지고
봄바람 부는 날은 보리밭 은빛 물결
이삭이 피어날 땐 봄 가난은 깔딱 고개

메꽃이 나팔 불면 보리 익어 갈 때
깜부기 뽑는 소년 문둥이 소문에 오금 저렸지
보리밭 사잇길 걷고 싶다던 그 소녀
지금은 어디에?
2022.

꽃비

밤새 봄비가 요란스레 내리더니
꽃잎들 자가용 타고 여행 떠난다
자동차 지붕과 창문에 매달려
지는 꽃잎들 차 타고
신혼여행 가나 보다
2022.

봄바람 2

풋풋한 사과 같은 젊은 날 봄바람
농익은 복숭아 같은 희끗희끗 봄바람
오늘은 알 수 없는 바람
누군가 보고 싶다
2022.

굴뚝이 있는 풍경

복사꽃 이팝나무꽃 피고 지는 산골 마을
저녁이면 묵은 솔가지로 쇠죽 끓이고
집마다 굴뚝 연기 몽글몽글 피워
온 동네 솔 향기 가득하다

산 그림자 등에 업고 어둠 살포시 내려오면
둥근 밥상 옹기종기 모여 앉아 새 둥지 같다
아이들 글 읽는 소리 돌담 넘어 들려오고
개구리들 합창 멈추고 엿듣고 있다
2022.

낮잠

어머니 먼 길 걸어 침산시장 가시면
동생은 따라가려 울고 나는 달래다 울었다
이제 동생도 어머니도 세월 따라 가버렸다

지나온 날들 천둥 번개 치는 날
봄꽃같이 화사한 날도 있었다
잔잔한 호수 같은 삶을 바라며

오고 간 많은 날
지나고 나니 낮잠 한숨 잔
꿈같은 짧은 세월이었다

「추천사」

더 넓은 바다를 향해

홍승욱(시인)

축하합니다.

구자육 시인은 어느 날 갑자기 저명한 문학지에 연거푸 당선이 되어 주위를 놀라게 했습니다.

그러나 그의 시를 보면 갑자기가 아니라 평생을 간직해온 시에 대한 열정과 부단한 노력이 쌓인 결과라는 것을 알 수 있습니다.

코로나로 인한 아픔에 관한 시 '벽', 사랑니를 의인화한 '이상한 이별', '빈둥지' 등 구자육 시인의 작품은 시인의 훌륭한 인품과 감성, 여린 마음까지 모두를 보여줍니다.

또 그의 詩想은 꽃나무 아래에서도 찾기 어려운 아름다움을 가지고 있습니다.

부드러운 문장이 폐부를 찌르는 영국시인 알프레드 테니슨의 '모래톱 너머'라는 명시(김동길 교수 '백조의 노래'로 번역)를 생각나게도 합니다.

이제는 더 넓은 바다로 가야 할 때라고 생각합니다.

아름다운 낙조가 찬란합니다.

돛을 올리시길 바랍니다.

「발 문」

향기로운 기억

김미희(소설가·에디터)

1970년대 근대화 시절을 살아온 선배들의 삶에는 노고가 묻어 있다. 조국의 근대화와 민주화를 이론이 아닌 몸으로 겪어 온 세대인 구자육 시인은 뭉클한 가족애와 조국에 대한 자긍심이 넘치는 생애를 사셨다. 그 고단한 사회를 관통하면서도 시인은 문학 소년의 감성을 잊지 않고 꾸준히 시작(詩作) 활동을 게을리하지 않았다.

구자육 시인의 시작 작업은 50여 년 전으로 거슬러 올라간다. 20대 초반의 청년부터 70대가 된 지금까지 써 온 『수수꽃다리 피는 밤』은 시인의 삶의 흔적이 배인 내용이다. 그의 일생을 관통하는 서정적이고 세심한 관찰, 사색이 그의 시의 세계를 확장 시켜 왔다. 시인에게는 추억이 있다. 친구, 형제, 연인, 어머니, 아버지 등 추억을 환기하여 복원하는 능력이 있다. 때로는 놀이와 냄새, 생활에서 불쑥불쑥 그 추억이 묻어나곤 한다.

가냘픈 듯하면서도 세상을 시어로 말하는『수수꽃다리 피는 밤』은 맑은 물로 삶의 때를 씻기고 새 옷을 입힌다. 깊은 우물에서 길어 올린 맑은 물로 세수하듯 산뜻한 시의 감성으로 세상을 읊조리는 시인은 생활에서 아름다운 언어를 길어 올린다. 시는 화려하지 않지만, 들꽃처럼 강인하고 수수한 아름다움이 있다.

비 온 뒤 햇볕 쨍쨍하다
산책길 몸부림치는 지렁이 애처로워
이리저리 찾아도 꼬챙인 없고
개망초 꺾어 물가로 보내줬다

꽃도 못 피웠는데
겨우 지렁이 살리려고
개망초 꺾느냐고

내 손 더럽히지 않으려 너에게 몹쓸 짓 했다
망초나 지렁이나 다 살아 있는 생물인데
미안하다, 다시는 그러지 않으마
–사과(謝過) 전문

위의 시에서 시인의 순수한 심성을 볼 수 있다. 자연을 개망초를 꺾어 지렁이를 살리고, 그 개망초에 사과하는 시인의 고운 심성을 발견한다. 세상의 모든 사물에 대한 사소한 움직임도 놓치지 않고 시인은 의미를 부여한다.

구자육 시인의 시에는 사랑과 정이 흐른다. 따끈한 군밤을 먹던 그 시절의 공간은 이미 없지만, 시인은 그 공간의 기억을 샘물처럼 길어 올리고 있다. 공간이 의식을 지배한다는 말은 인간은 환경의 영향을 받는다는 말이다. 그러나 모든 의식은 인간의 선택과 의지의 작용으로 형성되기 때문이다.

손바닥과 손바닥 맞대었지만 온기는 없다
얼굴도 만지고 손도 잡아보고 싶지만 마음뿐
볼 수는 있어도 느낄 수 없는 현실
엄마와 아들은 이별보다 더한 서러운 눈물만 흘렸다

휴전선 철책만큼이나 단단한 유리 벽 앞에
다음을 기약했지만
엄마는 돌아올 수 없는 강을 홀로 건너셨다

마지막 길 배웅도 영면 모습도 보지 못하고
멀찌감치 서서 큰절만 올렸다
벽 아닌 벽 코로나의 강철판 같은 벽이
꽃잎처럼 여린 가슴에 대못을 박았다
-벽 전문

3년에 걸친 코로나19라는 팬데믹도 시인은 놓치지 않고 사회의 변화를 역설했다. 마스크로 가리고 거리두기를 하며 살아가야 하는 현실의 안타까움을 시로 승화시켰다.

시인은 현상 너머의 진실을 찾아내는 직업이다. 따라서 시인은 항상 눈을 크게 뜨고 현상 너머의 진실 찾기에 몰두한다. 그래서 일상이 시詩이고 시가 일상이다. 우리가 사는 현실의 언어는 세계의 표면에 불과하다. 그 이면에는 진정한 의미를 가진 인간의 삶의 모습이나 삶이 지

향해야 하는 본연의 모습이 숨어 있다. 그래서 시를 쓴다는 것은 상상하고 연구하며 집중하여 새로운 언어를 찾아가는 일이다. 따라서 시의 출발점은 바로 우리가 사는 일상이다.

시인 구자육의 작품들은 수수하고 다정하다. 시인의 인품과 닮은 결 고운 시이다. 50여 년간 일상에서 시를 펴내는 작업을 하는 시인의 노고가 『수수꽃다리 피는 밤』에 오롯이 담겨 있다. 시인의 향기나는 기억을 읽는 시간이 행복한 시간이었다. 시인의 여정에 갈채를 보낸다.

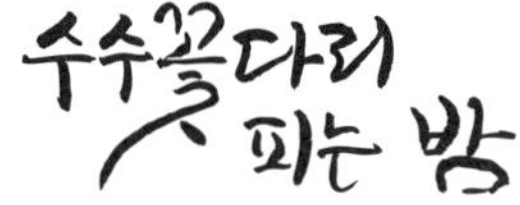

초판 발행일 2022년 7월 20일

지은이 구자육
발행인 김미희
펴낸곳 몽트

출판등록 2012.12.20 제 2014-0000-38호

주소 안산시 단원구 고잔로 23-12
전화 031-501-2322 팩스 031-501-2321
메일 memento33@menthebooks.com

값 13,000원
ISBN 978-89-6989-075-7 03810